„sprich nur ein wort,
so wird meine seele gesund"
(Matthäus 8:8)

Jo Schäfer, Jörg Böhme
[Hrsg.]

geschenkte erinnerungen
in himmel, reich
und frieden

Bibliografische Information
der Deutschen Nationalbibliothek:
Die Deutsche Nationalbibliothek verzeichnet diese Publikation
in der Deutschen Nationalbibliografie; detaillierte bibliografische
Daten sind im Internet über http://dnb.dnb.de abrufbar.

kein © 2015
Herausgebende: Jo Schäfer, Jörg Böhme
Gestaltung / Layout: Jo Schäfer
Umschlagfoto: Sylka Kramer
Herstellung, Verlag: BoD – Books on Demand, Norderstedt
ISBN: 978-3-7412-9170-8

einklang

frei zu leben   11

innenklang

die schatzkammer   15
meereshimmel   16
schlichtes sein   18
himmelreich   19
lichtvoll   20
wesentliches   21
rein und klar   22
das helle herz   23
du kannst es   24
freies atmen   26
erwachsen   27
versunken ins staunen   28
weit - weit - weit   30
himmelsfarben   31
es ist möglich   32
ein loch   34
diese stimme   35
getragen werden   36
weiter noch   37
leichtere tage   38
klares sehen   39
die denkende herde   40
freies sehen   41

erdesein 42
ganz von selbst 43
mäuse 44
vertrauen 45
zurück bleibt ein mensch 46
baumweisheit 47
wie wir sterben 48
keinen kopf kürzer 49
stilltag der sehnsucht 50
frieden sein 52
gegenwärtigsein 53
wer das eis liebt 54
mitgefühl 56
lebensweisen 57
dem leben dienen 58
wärme und licht 59
gleich fließendem saphir 60
blaue zelle 61
blaues koan 62
zellenwachstum 63
der same 64
der geist 66
zahmes denken 67
offenbar 68
diesem einen tag 69
katzenexistenz 70
inmitten 72
lauschen 73
weisheit des taus 74
offenes staunen 75

wolken ziehen weiter   76
menschenmeer   77
langsamkeit   78
sternenmeer   79
das und   80
lebenszyklus   81
erinnerung   84
innen wie außen   84
kristall   86
aus zeit und ewigkeit   87
sanfter wind   88
bleibende zeiten   89
erste wärme   90
mondlicht   91
königlich   92
friedensreich   93
die tage der ankunft   94
besuch   96

ausklang

der himmel sind wir   99

dank
consolas

einklang

frei zu leben

der wind ist frei geschenkt
der mich singt

der regen ist frei geschenkt
der mich trommelt

die sonne ist frei geschenkt
die mich lacht

der schnee ist frei geschenkt
der mich tanzt

der stern ist frei geschenkt
der mich lichtet

der mensch ist frei geschenkt
der mich liebt

pflanze, mineral und tier
schenken mir

ihr leben frei
mir zum leben.

innenklang

die schatzkammer

die schatzkammer
die du bist

öffne weit
verschenke, verschenke

alle schätze
alles schatzkammersein

dann ist leben
unschätzbar reich.

meereshimmel

dieses eine blau
aus himmel und ozean

so einig die beiden
in all ihrem wesen

schmecken sie
einzige weite

wenn nur dieses eine
blau dem herzen klingt

und nicht mal horizont
dem auge linie zieht

wie trinken das himmelsalz
und atmen das meer?

schau den delfin und lerne
und lausche dem vogel

sie tauchen nur dann und wann
hinauf und hinab

und gleiten hindurch
wolken und wellen

sind blau wie der himmel
und blau wie die see

und leben im selben
blauen, weiten

meereshimmel.

schlichtes sein

es entfaltet sich
es gestaltet sich

es geschieht

es ergibt sich
es begibt sich

es geschieht

es fügt sich
es findet sich

es geschieht

einem fällt etwas zu
einem fällt etwas ein

es geschieht

es geht, vergeht
besteht, entsteht

ganz von sich aus
und geschieht.

himmelreich

im himmelreichsein
ist alles

und niemand, der auf einen wartet
und nichts, das einen besucht

alles ist heimgesucht
und gefunden

alles ist vollendet
und vollbracht

alles ist im sterben
auferstanden

alles ist
reich an himmelsein.

lichtvoll

wachsend
bin ich bunt
teil dieser welt
ein erdenleben

ruhend
bin ich blau
teil dieser welt
ein himmel

strahlend
bin ich licht
fern dieser welt
ein sonnenstern.

wesentliches

mit den füßen atmen
in den boden horchen
und erlangsamen

mit den gliedern gleiten
durch das ortsgeschehen
und gleichmütigen

mit den augen weiten
die stille im inneren
und geruhsamen

mit den ohren wärmen
den klangraum der lebenden
und wiederschwingen

mit den flügeln lachen
den vergessenen winken
und mensch sein.

rein und klar

an dem tag, an dem du
in den himmel tauchst

lösen sich alle gedanken
geschichten, visionen

der himmel ist rein und klar

frei von leiden, sorgen, nöten
ist alles, wie es ist

tränen, schmerzen, seufzen
alles darf da sein

an dem tag, an dem du
zum himmel wirst

gibt es kein ich mehr
das noch sorgen könnte

lernen, wachsen, geben
leben müsste

rein ist alles und klar

leben schenkt sich von selbst
und darin ist frieden.

das helle herz

hell ist das herz
in den weiten armen

mild ist der weg
in den schweren stunden

wach ist das licht
in den sanften augen

die hellen arme
die milden stunden
die wachen augen

weiten das schwere
in sanftheit und licht
zum weg eines herzens.

du kannst es

das freien, befreien
von allen gedanken
und bildern und schranken
du kannst es

du kannst es
das lassen, verlassen
von menschen und straßen
gebietern und sklaven

du kannst es
das geben, hingeben
von ländern und streben
von schlössern, palästen

du kannst es
das sterben, hinsterben
im altern und erben
dem geld und dem wachsen

du kannst es
das nichten, vernichten
aller geschichten
projekte, visionen

du kannst es
das leben, erleben
das nackte ergeben
des kindes im herzen

du kannst es
das schenken, verschenken
aller bedenken
mit vollen händen

du kannst es
dem nichts zu vertrauen
dem himmel des blauen
und alles zu freien

du kannst es
du bist so geboren
du bist so gestorben
du kannst es, das leben.

freies atmen

der ruhige herzschlag
weist den weg

atemzug für atemzug
gebiert sich frieden

das hörenkönnen
ist frei geschenkt.

erwachsen

das herz
ist nie getrennt
von der einen wahrheit

das kind
ist nie getrennt
von der einen quelle

das kinderherz
ist geblieben
in allem ursprung

als erinnerung
an das eine licht
das wächst und wächst

auch im herzen
und im kind
der erwachsenen.

versunken ins staunen

dass da brot liegt im schnee
wenn brot gebraucht wird
dass erdbeeren und himbeeren
im spätherbst noch früchte tragen
und dass käse an der tür hängt
zur rechten zeit

versunken ins staunen

dass da mitten auf dem gehweg
ein mensch steht, dessen dasein
das schnapskaufen erübrigt
weil er nicht nur die frage kennt
die das leben schwer macht
sondern auch die antwort dazu

versunken ins staunen

dass so ganz ohne lebensaussicht
missbrauchte und vergewaltigte
totgeschlagene und weiterlebende
gegen alle vernunft
lieben können, vergeben können
beenden können den krieg

versunken ins staunen

bin ich zu tränen
die über die wangen rinnen
weil das herz größer ist
als das denkenkönnen
und in der hoffnungslosigkeit
die antwort zum leben existiert:

staunen.

weit - weit - weit

wenn du jeden tag inne hältst
in den himmel zu schauen

und dem herzen zeit lässt
in diese namenlose weite

sich hineinzuwohnen
hineinzuweiten

ja, hineinzubehausen

wird dieser himmel dir
ein zuhause sein

auf dass in jedem innehalten
du weiter himmel wirst

und weiter noch
als du längst schon

weit - weit - weit

himmel bist.

himmelsfarben

als lichtes blau
bin ich himmel

als wolkenmeer
bin ich himmel

als sternennacht
bin ich himmel

als sandsturm
bin ich himmel

als gewitterregen
bin ich himmel

als regenbogen
bin ich himmel

reich an himmel
bin ich

in allen farben
dieses erdenseins.

es ist möglich

es ist möglich
von den träumen zu lernen

es ist möglich
von den bäumen zu lernen

es ist möglich
stirb und werde zu begreifen

es ist möglich
mit der erde mitzureifen

zur quelle zu schwimmen
gegen den strom mit den lachsen

mit wurzeln im himmel
gegen die schwerkaft zu wachsen

es ist möglich
das schauen zu lernen

es ist möglich
vertrauen zu lernen

es ist möglich
mit dem wind zu gehen

es ist möglich
wie der mohn zu wehen

als wolken sich aufzulösen
die quellen zu beleben

als sonne sich auszuweiten
sich der dunkelheit hinzugeben.

ein loch

der frieden
hat ein loch
wenn die liebe
fehlt.

diese stimme

wenn weisheit zärtlich sein kann
dann ist diese stimme
zärtliche weisheit

wenn zartheit wahrhaftig sein kann
dann ist diese stimme
wahrhaftige zartheit

wenn wahrheit liebend sein kann
dann ist diese stimme
liebende wahrheit

wenn liebe licht sein kann
dann ist diese stimme
lichte liebe

wenn lichtheit friedlich sein kann
dann ist diese stimme
friedlicher himmel.

getragen werden

wenn der himmel
das freisein ist
von allen vorstellungen

dann ist die hölle
das gefangensein
in eben diesen konzepten

dass das getragenwerden
eines vogels im wind
dem vogel vorbehalten sei

und dass ein menschenherz
unmöglich dem wind
sich anvertrauen könnte

ist ein gedanke der höllen-
angst vor dem unbekannten
haltlos freien

der die schwerkraft verehrt
statt sich tragen zu lassen
und zu staunen

auf dass keine kraft der schwere
je gedacht sein kann im gedanken-
freien sein des himmels.

weiter noch

lichten lassen
durchlichten lassen

und weiter werden

wachsen lassen
hindurchwachsen lassen

und weiter werden

weiten lassen
hindurchweiten lassen

und weiter noch
weiter werden.

leichtere tage

es gibt tage von leichtigkeit
die aus ewigkeit entspringen
und in ewigkeit münden

und daran festzuhalten
gebiert die schwereren tage
in finsterem gefangensein

und aus beiden erwächst
die weisheit des loslassens
und die hellere freiheit

die hände zu öffnen
für das geschenk der ewigkeit
und die leichteren tage.

klares sehen

wenn angst entsetzt
kann gesetztes
neu gesehen werden

wenn wut erschüttert
kann bestand habendes
verstanden werden

wenn schmerz zerbricht
kann gefestigtes
geöffnet werden

jeder kraft wohnt
weisheit und heilung
nicht nur inne

sie ist lebens-
länglich, gefährlich
befreiend.

die denkende herde

sie stürmen dahin, die pferde
es ist eine ganze herde
unzählbar von gestalt
mal schwarz, mal weiß, mal jung, mal alt

so sind sie, die gedanken
ohne zucht und ohne schranken

wiehernd, wild und sich aufbäumend
nass vor schweiß, am maul schäumend
sie jagen sich selbst von tal zu tal
empfinden das laufen nicht mal als qual

so sind sie, die gedanken
ohne zucht und ohne schranken

und grasen sie friedlich
in der sonne gemütlich
und scheinen sie doch einmal stillzustehn
wird auch dieses mal vorübergehn

so sind sie, die gedanken
sie kommen und gehen und wanken.

freies sehen

hellseherisch
nennen manche menschen
die tatsache
keine tomaten
auf den augen zu haben.

erdesein

das korn schläft
das korn wächst
das korn lacht

und gibt sich hinein
vertausendfacht
ins erdesein

das korn stirbt
das korn schläft
das korn wacht.

ganz von selbst

ein fuß vor dem andern
ein wind mit dem andern
ein lied durch den andern
ein kuss in dem andern
eins nach dem andern

ingeht sich ein frieden
inweht sich ein lieben
insingt, inklingt
ein lichten, ein lachen
ein einziges leben

ein fuß vor dem andern
erlebt einen andern.

mäuse

die mäuse füttern
den menschen

zeigen ihm: schau!
da ist keine angst

zu den füßen eines wesens
das dem laub lauscht

dem raschelnden
weg der mäuse.

vertrauen

wir können
einander vertrauen
oder es lassen
das leben
ist immer lebensgefährlich
bis der tod die angst nimmt
einander zu vertrauen
steht uns frei
ein leben lang.

zurück bleibt ein mensch

ein mensch
der in angst lebt
und in angst geht
hinterlässt angst

ein mensch
der in unfrieden stirbt
und in unfrieden geht
hinterlässt unfrieden

warum
wählst du noch immer
die angst statt der liebe
die unrast statt frieden

zurück
bleibt ein mensch
in unfrieden
und angst.

baumweisheit

wer den baum nicht kennt
kennt nicht die angst
des baumes

wovor
hat der baum
angst?

wie wir sterben

wie wir sterben
wie wir leben
wie wir gelebt haben
werden

ob wir mit unfrieden
im herzen gehen
und unfrieden der welt
hinterlassen

ob wir frieden
gefunden haben
und hinterlassen
diesen frieden

um das anvertraute
herz inmitten
darum geht es
im leben

gehen wir in frieden
geben wir frieden
allen herzen
die bleiben.

keinen kopf kürzer

lieber den kopf neigen
als einen kürzer machen

lieber in die knie gehen
als übers knie brechen

lieber den boden küssen
als es besser wissen

lieber sich bedanken
als abzudanken

lieber um das leben bitten
als die zweifel kitten

lieber ehrfurcht zeigen
als aus furcht zu schweigen.

stilltag der sehnsucht

an dem tag
an dem die sehnsucht
endet

das sehnen, suchen
habenwollen, andershabenwollen
das begehren und aufbegehren

steht alles still

eine freude, die leise, sanft
und zart sich hineinwebt
in dieses dasein

eine stille freude
entfaltet ihre flügel
in der sonne

still steht alles

kein tod, kein knochenbruch
kein dunkler tag verleitet
zu leidenden gedanken

zu leidenschaftlichen
süchtigen, sehnsüchtigen
illusionen, projektionen

alles steht still

im angesicht der sonne
die hinter den wolken
immer da ist

wie das helle herz
das die stille freude
mitnahm ins menschliche sein

als erinnerung
an gestilltheit
und mitternachtssonne.

frieden sein

zum frieden leben
braucht es verweilen
innehalten, schauen

den baum, der wächst
das kind, das spielt
den hund, der bellt

die wärme der tränen
die schlafenden lider
inmitten des friedens

das schauen, lauschen
innehalten braucht mich
zum frieden leben

selbst inmitten des krieges
wächst der baum
atmet der mensch

seit tausenden von jahren
ist es an mir zu wachsen
zu atmen

zu frieden.

gegenwärtigsein

gegenwärtigsein
ist eine entscheidung

die von moment
zu moment getroffen wird

nichts weiter zu sehen
als nur diesen einen

tropfen auf dem wasser
wie er ringe zieht

nur dieser eine regen
über dem see

nur dieses eine glitzern
von wellen

ist gewahrsein
des einen

von gegenwart
zu gegenwart.

wer das eis liebt

mitgefühl beginnt dort
wo das herz aus eis
in die sonne gehalten wird

wer das eis liebt
kann den durst der fühlenden
nicht stillen

wer das eis liebt
spiegelt das angesicht
aller verstörten

die über das eis
sich beugen zu trinken
und frieren, erfrieren

im angesicht
des gefrorenen
spiegels einer alten quelle

wer das eis liebt
und die spiegelglatten
oberflächen

der lässt dort
wo die sonne im winter
als mitgefühl taut

alles erfrieren.

mitgefühl

in allen atemzügen
nicht nur die hand reichen
nicht nur das herz öffnen
nicht nur das leben
hinhalten

auch den schmerz
die ohnmacht, die angst
das wirren und klirren
der glieder, gedanken
hinnehmen

von haar zu haar
das kalt gefrorene
knochenmark
aushalten, bleiben
mittragen

nicht wärmen müssen
nicht lieben müssen
nichts ändern müssen
von atemzug zu atemzug
mitgehen

und atmen lassen.

lebensweisen

kein haus ist für die ewigkeit
und jeder garten ist auf zeit
ein geschenk des himmels
und der herzen

so halt ihn offen, diesen einen
blick, der sich dem leben neigt
und der dem armen dient
dem schlichten, reinen

und hör, wie es in zartheit ruft
zu folgen diesen weisen
deren ohr sich heimat schafft
im stillen, sanften, leisen.

dem leben dienen

zärtlichkeit
übt sich nicht
mit hartem schleifpapier

es braucht
die sanfte brise wind
der leisen liebe.

wärme und licht

der warmlichte raum
zeigt eine brennende kerze
die ihn erhellt

das brennende licht
zeigt eine gütige hand
die es entzündet

die güte der hand
zeigt ein leuchtendes herz
das den raum wärmt

eine leuchtende kerze
zeigt einen menschen
aus wärme und licht.

gleich fließendem saphir

in allem blau hindurch das blau
ein klarer himmel

in allen augen hindurch das licht
ein klarer himmel

in allen herzen hindurch das blau
ein klares licht

so ist

in allem himmel lichtes angesicht
und ist in allen sichten himmelslicht

in allem blau hindurch das blau.

blaue zelle

ein barfuß gehen
im herzen

ein herzen öffnen
im bleiben

ein bleiben lassen
im lichten

ein lichtsein atmen
im leben

ein leben lebändigen
im frieden

und frieden sein
ist blaue zelle.

blaues koan

blaue
zelle

entzieht sich
öffnet sich

leben
voll geheimnis

geschenk
ist dankbarkeit

und
himmel

im lichten gewand
des kleinsten

einheit.

zellenwachstum

es wächst
unter freiem himmel
wächst es

als quitte, pfirsich, walnussbaum
wächst als wurzel
in den boden
mit jeder pflanze
wächst es

zelle für zelle
hinein in den himmel
der nacht und tag blau
regen und sonne
frei schenkt

das himmelsein
das menschsein
das friedensein
beschenkt
mit zellen

und freiem wachsen.

der same

der same
der vom licht träumt
strengt sich an
ihm entgegen zu wachsen

und eines tages
durchbricht er die kruste
der dunklen erde
und sieht licht

strahlendes himmelsblau
der traum ist wahr

herausgewachsen
aus vergessen und finsternis
ist die freude vollkommen
über den lichten tag
und die dunkelheit der erde
für immer durchbrochen

wenn der same
die erde durchbricht
weiß er noch nicht
was nacht ist
und dass dieselbe dunkelheit
wiederkommt

nach dem hell lichten
die schwärze
der alt bekannten
verschlossenen erde

und weiß noch nicht
dass dieses dunkel
weiter atmen kann
im sternenhimmel

und auch nicht
dass nach der nacht
der tag wiederkommt.

der geist

der geist ist leer
der geist ist licht

der geist ist still
der geist ist nicht

der geist ist rein
der geist ist wahr

der geist ist hell
der geist ist klar.

zahmes denken

der körper atmet
ganz von allein

atemzug für atemzug
nur dieses staunen

dass es nichts braucht
zum atmenkönnen

kein wissen, kein glauben
kein denkenmüssen

so ruhen die gedanken
zahm und friedlich

zu den füßen
jedes staunens.

offenbar

wenn das herz
offen ist

frei von hoffnung
und hoffnungslosigkeit

dann offen-
bart es sich.

diesem einen tag

diesem tag gewidmet
ist das leben
das üben und geben

diesem einen tag nur
zu begegnen
mit offenem herzen

allen gedanken, schmerzen
wunden, narben
sterben, auferstehen

diesem einen tag nur
gilt das gehen
des weges und schauen

des tages angesicht
erinnere mich
du mensch, engel, gedicht

du himmelslicht
erinnere das vertrauen
an diesem einen tag.

katzenexistenz

eine katze
ist eine katze

wenn ihre existenz
mich heilt

werde ich sie streicheln
werde ich sie füttern

auch wenn sie nicht
mit mir spricht

auch wenn ich nicht
wissen kann

ob sie wieder kommt
wenn sie geht

und wann sie geht
wenn sie wieder kommt

wenn ihre existenz
mich heilt

werde ich sie umsorgen
hegen, pflegen, liebkosen

werde ich ihr
nahrung hinstellen

auch wenn sie nicht
um mich streicht

auch wenn sie sich nicht
streicheln lässt

werde ich ihr
nahrung hinstellen

auch wenn sie
lange nichts frisst

werde ich da sein
für ihr wohl

wenn ihre existenz
mich heilt

ist es für die heilung
mehr als genug

dass die katze
eine katze ist.

inmitten

inmitten
wartet die weite

inmitten
wächst das herz

inmitten
lächelt das licht

inmitten
ruht das leben

inmitten
stillt ein frieden

inmitten
ist reich an himmel.

lauschen

ist es möglich
in der stille eines gedankens
zu ruhen?

eines einzigen nur
und seinem nachklang
zu lauschen

wie ein ton, der im anschlagen
erklungen wurde
nicht mehr ist

und doch im nachklang
noch zeugt von allem
erklingen

ist es möglich
dass die gestalt des nichts
viele gesichter hat

und klänge, nachklänge
nichtklänge?

weisheit des taus

in tausend regentropfen
nur ein gesicht

in tausend dingen
ein einziges lied

der tau erhebt
die schönheit zu tal

und morgensonne
singt tausendmal

die eine erinnerung:
fließendes licht.

offenes staunen

mit offenen augen sehe ich
hindurch die wände
der menschengestalt

mit offenen ohren höre ich
hindurch das denken
der wortgewalt

mit offenem herzen singe ich
hindurch das zornen
der faustgeballt

mit offenem mund erstaune ich
ob aller schönheit
aus warmut und kalt.

wolken ziehen weiter

die wolken entstehen
die wolken lösen sich auf

die gedanken entstehen
die gedanken lösen sich auf

die leben entstehen
die leben lösen sich auf

wolken kommen
wolken gehen

der himmel bleibt.

menschenmeer

ich bin erwacht
und es tobte der sturm
und ich schlief wieder ein
und es tobte der sturm

und die menschen schrien
in sturm und schlaf
und ich lag friedlich im boot
auf den wellen war ich sturm

und die menschen schrien mich
hinein in ihre tobende angst
und ich stand auf und sprach
ein wort und noch eines

und legte mich wieder schlafen
hinein in die wellen des friedens
und der sturm tobte
nicht mehr in ihnen.

langsamkeit

gott wächst langsam
wie gras und stein

weht langsamkeit
aus stille und sanftmut

atmet langsam
ein und aus

so ist dieses gott
langmütig

wie liebende
die frieden wahren.

sternenmeer

im weiten
sternenmeer

stillt die nacht
das laute herz

friedet die stimmen
des tages

und leuchtet
freiheit

aus endlos weitem
sternenmeer.

das und

wenn der himmel
das und ist

existiert der himmel
solange wir es zulassen

das und

und singen
wenn singen hilft

und schweigen
wenn schweigen hilft

und tanzen
wenn tanzen hilft

und losgehen
und bleiben und

leben den lebensfluss
lebendigkeit

ist alles
und.

lebenszyklus

    auferstehung
es mag sein
dass ich nun auferstanden bin
und wenn dies so ist
möchte ich sagen:
es ist vollkommen unspektakulär

    karsamstag
es mag sein
dass ich jahre im grab lag
und wenn dies so ist
möchte ich sagen:
die totenstille ist eine weisheitslehrende

    karfreitag
es mag sein
dass ich schmerzen ertrug
und wenn dies so ist
möchte ich sagen:
es ist der einzige weg zur erlösung

    gründonnerstag
es mag sein
dass ich fliehen konnte
und wenn dies so ist
möchte ich sagen:
es braucht das ja zum leben.

erinnerung

ich habe nicht so gelebt
als ob ich himmel wäre
und bin doch himmel in jeder faser
dieses eingeliebten seins

erinnerung sind mir alle
gesichtslosen wolken
über den feldern, die brach liegen
im winterfrost, der die zeit stillt

ich habe nicht so gelebt
als ob ich reich wäre
und bin doch so reich wie nie
an gedankenlosigkeiten

erinnerung ist mir alles
lauschen der nacht
an die heimat des lichten zuhauses
aus der wir kommen und gehen

ich habe nicht so gelebt
als ob ich frieden wäre
und bin doch in frieden
mit allen wunden dieser welt

erinnerung ist mir
die stille des abends

der mehr blau als rot
mehr licht als golden
sein band hineinzieht
in alles leben.

innen wie außen

die wesen im außen
zeigen die wesenszüge
im innen

schaue ich frei
mit herz und mund
befreie ich alle

erlöse ich alle
gehe hand in hand
mit den tieren

erwache ich allen
gebärenden winden
mit den wolken

erlichte ich allen
im boden lebenden
mit den wurzeln

erliebe ich alle
von herz zu herz
auch die tötenden

erwache, erlöse
erfreie ich alle wesen
im innen, im außen

so ist mir alles
in mir, an mir, um mich
licht und lieb.

kristall

der anklang
im gestein

ist der widerhall
eingegossener ewigkeit

ich lausche
seinem ton.

aus zeit und ewigkeit

mit geschloss'nen augen
singt die ewigkeit

es dirigiert
der hände zeit

und ohren lauschen
ihrem wesensklang

es klingt die zeit
und ihr gesang.

sanfter wind

mit der sonne
atmet der wind

den wunden
des tages

zartheit.

bleibende zeiten

die fragen bleiben aus
der mond nimmt ab und zu

die schmerzen
kommen und gehen

mit den winterlingen
wachsen die schneeglöckchen

auch dieses jahr
im schnee.

erste wärme

wie der erste sonnenstrahl
noch nicht den frost taut
nach der nacht
erwärmt die milde
doch das durchgefrorne herz.

mondlicht

mondlicht flutet
die erinnerung

taghell
wird die nacht

und ergießt
ihr licht

in den türspalt
des herzens.

königlich

verschenke ich
mein königreich

wächst

ein königreich
nach.

friedensreich

das helle herz
reicht viele hände

neigt sich allen
gefährten, gezeiten

reich an händen
lieben, weiten

ist das herz
in helligkeit.

die tage der ankunft

als der himmel auf die erde kam
irrten sich die menschen nicht mehr
in den geschäften der vergänglichkeit

sie blieben stehen und warteten
bis der strudel der gedanken
sich hineinlegte in die ruhe

die menschen erinnerten sich
dass sie selbst engel sind
gestalten aus licht und helligkeit

die sterne leuchteten in ihren herzen
und strahlten durch alle bedenken
von augenlicht zu augenlicht

die hände entzündeten kerzen
für die dunkleren wintertage
den lichten himmel zu erinnern

und die botschaft des friedens
wurde zur herzensangelegenheit
für jeden einzelnen tag

in der nacht, als die erinnerung tagte
sahen die menschen den himmel
in jedem lebenden erdenherz

als sich himmel und erde erkannten
lichteten die menschen das leben
den frieden zu hüten, von tag zu tag.

besuch

du kannst mich besuchen
immer im geiste
werde ich da sein

du kannst mich suchen
in jedem finden
das dir zu eigen ist

du kannst dich suchen
in mir, das mehr du ist
als jeder gedanke

du kannst uns finden
dort, wo das herz schlägt
und das leben

zu besuch kommt.

ausklang

der himmel sind wir

wir können einen anfang machen
den himmel weiten
lassen in uns

wir können einen anfang machen
im weiten und frieden
und himmelsein

wir können ein anfang sein
in diesem augenblick
du und ich

himmelsweit.